Das kleine Buch zum Segen

MICHAEL
BLUM

Ein Wort zuvor
Zum Segen

Hanns Dieter Hüsch, als liebenswürdiger Kabarettist, als gütiger Humanist und engagierter Christ verbindet mit seinen Bitten und Fürbitten, mit seinen Wünschen und Hoffnungen die Erde mit dem Himmel – und fädelt gleichzeitig die Sicht des Himmels in unsere Weltverstrickungen ein. Die Dimension Gottes mit seiner Liebe liegt ihm auf der Zunge und eröffnet uns den Horizont, wie eine Welt mit „Gottes Segen" freundlicher und friedvoller, ja menschlicher aussehen kann.
Er entfaltet unsere Lebenslagen so, wie er sie sieht und wie sie sind; damit „Gottes Segen" geerdet werde – und nicht im luftleeren Raum in der Schwebe bleibt und niemanden mehr berührt, niemanden trifft. Er löst sich wohltuend aus den frommen Reden und „meint im übrigen", daß Gott uns behüte: Aus fester Überzeugung und seinem tiefen Glauben, der schon viele Menschen angesteckt hat, selber zu glauben und mit der eigenen Zuversicht auf eigenen Füßen zu stehen.
Durchwebt werden die Wünsche „Zum Segen" von den „Heiligen Zeichen", wie Michael Blum seine Bilder bezeichnet. Das Gold glänzt als Hoffnung auf ein himmlisches Jerusalem, in dem der Segen sich ausbreitet, auf einen neuen Himmel und eine neue Erde, in denen Gott immer und überall anwesend, ja in seinen Zeichen sichtbar wird. Wer Augen hat zu sehen, der begegnet auf Schritt und Tritt der Güte und der Liebe Gottes: Das Auge, das über uns wacht, damit unser Fuß nicht an einen Stein stoße; die Hände, die uns auffangen, wenn wir fallen; Brot und Wein, die von einem lebendigen Gott erzählen: „Ich bin mit dir und für dich und in dir – und niemals gegen dich!"; so entfaltet Michael Blum die „Heiligen Zeichen" aus der Sicht des Himmels, wie Hanns Dieter Hüsch seine Texte erschließt.

Möge dieses „Kleine Buch zum Segen"
Sie begleiten und ermutigen
und Zum Segen werden.

Uwe Seidel

Segen für Allezeit

Im übrigen meine ich
Daß Gott uns das Geleit geben möge
Immerdar
Auf unserem langen Weg zu unserer Menschwerdung
Auf dem endlos schmalen Pfad zwischen Gut und Böse
Herzenswünschen und niedrigen Spekulationen
Er möge uns ganz nahe sein in unserer Not
Wenn wir uns im dornigen Gestrüpp der Wirklichkeit verlieren
Er möge uns in den großen anonymen Städten
Wieder an die Hand nehmen
Damit wir seiner Fantasie folgen können
Und auf dem weiten flachen Land
Wollen wir ihn auf unseren Wegen erkennen
Er möge uns vor falschen Horizonten und
Dunklen Abgründen bewahren
So daß wir nicht in Richtungen wandern
Die uns im Kreise und an der Nase rumführen
Er möge unseren kleinen Alltag betrachten
Den wir mal recht und mal schlecht bestehen müssen
Die 12 Stunden Unrast und die 12 Stunden Ruhe vor
Dem Sturm
Er hat den Tag und die Nacht geschaffen
Hat auch den Alltag gemacht und den Schlaf
Die 12 Stunden eilen und kümmern und laufen
Und sorgen und streiten und ärgern und schweigen
Und die 12 Stunden ausruhen und nichts mehr sehen
Und hören
Und Er möge uns die vielen Streitigkeiten von morgens
Bis abends verzeihen
Das Hin- und Herlaufen zwischen den vielen Fronten

Und all die Vorwürfe
Die wir uns gegenseitig machen
Möge Er in herzhaftes Gelächter verwandeln
Und unsere Bosheiten in viele kleine Witze auflösen
Wir bitten ihn Zeichen zu setzen und Wunder zu tun

MICHAEL
BLUM 97

Daß wir von all unseren Schuldzuweisungen ablassen
Und jedwedem Gegner ein freier Gastgeber sind
Er möge uns von seiner Freiheit ein Lied singen
Auf daß wir alle gestrigen Vorurteile außer Kraft
Und alle Feindseligkeiten außer Gefecht setzen
Er möge uns von seiner großen zeitlosen Zeit
Ein paar Stunden abgeben
Und – Er kann gewiß nicht überall sein – Er möge in
Unsere Stuben kommen und unsere Habseligkeiten
Segnen unsere Tassen und Teller die Kanne die
Zuckerdose und den Salzstreuer die Essigflasche
Und den Brotkorb
Er möge vor allem die Kinder schützen und die Tiere
Vor jeglicher Willkür
Ja Er möge sich zu uns an den Tisch setzen und erkennen
Wie sehr wir ihn alle brauchen überall
Auf der ganzen Welt
Denn wer will uns erlösen von all unserem
Weltgeschichtlichen Wahn
Auch von unseren täglichen Lebenskonflikten
Gott unser Herr möge auch manchmal ein
Machtwort sprechen
Mit all jenen Herren die sich selber zu Göttern ernannt
Die Menschen durch Maschinen ersetzen und für
Geld Kriege führen
Und mit Drogen alle Zukunft zerstören
Er möge sich unser erbarmen
Am Tage und in der Nacht
In der großen Welt und in der kleinen Welt unseres Alltags

In den Parlamenten in den Chefetagen der Industrie
Und in unseren Küchen
Er möge uns unsere Krankheiten überstehen lassen
Und uns in der Jugend und im Alter seine Schulter
Geben damit wir uns von Zeit zu Zeit von Gegenwart zu
Gegenwart an ihn anlehnen können getröstet
Gestärkt und ermutigt.

In Gottes Hand

Im übrigen meine ich
Daß Gott der Herr
Jedem die Gabe gebe
Zu erzählen von den Dingen des
Lebens
Von den Verhältnissen unter den vielen
Menschen
Von den Geschichten in den
Verschiedenen Welten
Daß er allen die Gabe gebe
Aufzuschreiben die vielfältigen
Zustände
Die vielfachen Menschen
An Leib und Seele
Die unendlichen Versuche des
Menschen
Zu fliegen
Der Welt vielleicht zu entgehen
Sich zu erheben
Nur seine Gottes Hand zu berühren
Zu schweben zwischen Rätsel und
Lösung
Zwischen Lösung und Erlösung
Wir fühlen uns manchmal allein
Gelassen
Und möchten doch auch in den Himmel
Kommen
In den Himmel wachsen und gedeihen
Und blühen
Ein Wiedersehen feiern
Damit unser Zweifel nicht gar
Verzweiflung werde
Unsere kritische Ungeduld
Nicht fahrlässige Unduldsamkeit
Sondern Mut auch Demut und Sanftmut
Und weniger Hochmut heiße

Vorsicht und Nachsicht
Tapferkeit auch Versöhnung und Trost
Darum meine ich
Möge Gott unser Herr jedem die Gabe
Geben zu singen vom Wachsen und
Werden
Daß wir uns austauschen können
Daß wir ein großes Lied sind
In tausend Farben
Und tausend Worten
Aus allen Menschen-Geschichten
Aus allen Gefühlen Gedanken
Wünschen und Träumen
Ein großes Lied
So groß daß es im Himmel zu hören ist
Gar nicht mal so laut
Aber so groß daß man im Himmel
Zurücksingt
Wie ein Echo
Kommt es von oben zurück
Geht es hinauf und kommt zurück
Und wächst ineinander
Nachricht auf Nachricht
Botschaft auf Botschaft
Trauer und Freude Argwohn und
Hoffnung
Weltlicher Schmerz und Heiliger Geist
Und die Erde wächst höher
Und der Himmel wächst tiefer
Und Mensch und Tier
Und Frucht und Pflanze
Wald und Strauch Wiese und Wasser
Werden eins in Gottes Hand
Und Geist in seinem Namen:
Möge Gott unser Herr
Jedem die Gabe geben
Zu glauben zu hoffen und zu lieben!

MICHAEL
BLUM97

Unsere Zuversicht

Im übrigen meine ich
Daß Gott der Herr
Unser Suchen und Finden
Unser Versuchen und Erfinden
Besser als bisher
Einander anzunehmen
Freier und fröhlicher als bisher
Ohne Wenn und Aber
Und ohne vor und zurück …

Daß Gott der Herr unser Streben
Nach Miteinander und nach Füreinander
Wohlwollend begleiten möge …

Wir wissen gar selbst
Daß unser Bemühen
Immer wieder ganz neu sein muß
Daß uns alte Urteile immer wieder
Rückfällig werden lassen
Daß abgestandene Meinungen
Und eingemachte Ansichten
Uns immer wieder aufhalten
Und uns daran hindern
Nach vorne zu gucken
Auf einander zu zu gehen
Wir wissen sehr gut
Daß wir alles hinter uns lassen müssen

Alle Systeme und Spielregeln
Alle Konzepte und Kompositionen
Alle Welt-Erklärungen
Überhaupt alle Erklärungen
Müssen wir stehen und liegen lassen
Um einen ersten Schritt auf den anderen hin zu tun
Um ganz frei zu sein und keinerlei Argwohn zu haben
Und nichts als freundlich zu sein

Gott der Herr möge uns alle Angst
Nehmen
Allen Zweifel den wir oft in uns tragen
Wenn uns weltliche Bodenlosigkeit
Zu verwirren droht
Wenn uns Schnell-Religionen
Und sonstiger metaphysischer
Schnickschnack
Einzufangen versuchen
Wenn uns geschichtliche Herren
Rezepte vorlegen
Die unfehlbar sein sollen
Und doch nur neuen Unfrieden
Und neue Unsicherheit stiften

Gott der Herr möge bei uns sein
Und uns auf unsere Fehler aufmerksam
Machen
Auf daß der andere sich nicht abwendet
Aufsteht und unseren Tisch verläßt
Wir alle brauchen uns
Rund um die Uhr
Und rund um die Welt

Gott möge unseren kranken Kopf
Und unser müdes Herz heilen
Auf daß wir aufs neue
Und weiterhin
Und immer wieder
Und immerdar
Seine Spiel-Leute sind und bleiben
Singen spielen sprechen und musizieren
Und keinerlei Haß eine Möglichkeit hat
In uns zu fahren
Und jeder von uns den Zustand der
Seligkeit spürt

Gott der Herr möge uns diese Gnade
Erweisen
Wir aber wollen hingehen
Und uns mit Geduld und Liebe
Einander annehmen
Und uns freuen
Daß Gott unser Freund
Jesus unsere Zuversicht
Und der Frieden endlich
Unser ist.

In die Arme nehmen

Nehmet einander an
Nehmet Euch an den Händen
Jung und alt
Nehmet Euch in den Arm
Vergebt euch versöhnt euch
Seid heiter
Seid erlöst

Nehmet einander an.

MICHAEL
BLUM 97

Gott nimmt uns in seine Arme

Im übrigen meine ich
Daß Gott der Herr
Der mit uns ist
In unseren Köpfen und Herzen
Weitere Gedanken anstiften möge
Die uns noch mehr zusammenführen
Die uns noch mehr zusammenwachsen lassen
Uns alle auf dem Kreis der Erde
Geschöpfe aller Art und Kreaturen aller Arten
Daß Gott der Herr
Der mit uns ist
Um seinetwillen uns neue Ideen schenke
Wie wir unsere alten Vorurteile weiter abbauen
Daß wir erkennen
Daß all unsere Urteile bis hierher
Kleine engstirnige und engherzige Possen waren
Mit denen wir uns selbst im Wege standen
Die uns nicht Freunde sondern Feinde brachten
Die uns kein gutes Werk tun ließen
Sondern uns nur höhnisch und hämisch machten
Bis wir unsere Nachbarn verachteten
Sogar verteufelten

Dies ist der Lange Weg des Menschen
Der vom Haß bis zur Liebe geht
Von der Furcht zur Ehrfurcht
Vom Übermut bis zur Demut um Gottes willen
Aber auch um unseretwillen
Da wir Gottes Kinder sind
Auf der Suche nach Frieden und Gerechtigkeit
Versöhnung und Bewahrung der Welt seiner Welt
Um Gottes Willen
Möge Gott dem Herrn
Der mit uns ist
Unsere Suche gefallen

Möge er unsere Versuche gnädig betrachten
Unser Glauben und unser Zweifeln
Wir können wenn wir wollen alles hinter uns lassen
Wir können mit Gottes Willen jederzeit neu anfangen
Gott ist die Gnade und die Freiheit
ist Trost und Vergebung
Gott ist nicht das Argument
Sondern die Versöhnung
Drum möge er uns noch einmal und immerfort
Zu den Glücklichen führen
In denen wir seinen Willen und seine Wahrheit
Seine Zukunft und seine Zeichen spüren
In denen wir uns hingeben an seine Welt
Der unbegrenzten Weite
In der wir ganz deutlich fühlen
Daß uns nichts trennt
Weil er uns zusammenführt
Daß in uns kein Zorn mehr aufkommt
Sondern Seligkeit und süßes Wissen
Daß die Reise angefangen hat
Die Reise zum Frieden und zur Befreiung
Von allem Zwang
Daß wir von unseren kleinlichen Spielen lassen können
Hochmut und Größenwahn
Lächerliche Geschichten werden
Freundlichkeit in unser Herz einzieht
Damit sein Wille geschehe
Und das sind die Güte und die Sanftmut
Die Übersicht über alle Horizonte
Die Hoffnung und die Heiterkeit
Die Rettung und das Aufgehobensein
Gott hebt uns auf wenn wir straucheln
Wenn wir in Fallen laufen
Uns verrennen in törichte
Berechnungen

Gott nimmt uns in seinen Arm
Wenn wir müde sind
Und führt uns durch Finsternis und falsche Nacht
Wenn wir die Augen schließen
Er kennt das Ziel
Denn er ist das Ziel
Er ist die Sprache und das Licht
Er öffnet unsere Augen und Ohren
Läßt uns mit allen
Eins sein
Um unseretwillen
Um seinetwillen
Um Gottes willen.

MICHAEL BLUM 97

Den Frieden lehren

Im übrigen meine ich
Gott der Herr
Rufe in uns alle guten Dinge und Gedanken
Die in uns schlummern durch die Jahrtausende
In Herz und Hirn und Leib und Seele
Wieder wach

Alles was wir oft vergessen
Oder auch für unnütz halten
Oft auch gar nicht wollen
Das freundliche Wort und den guten Blick
Die einfache Weise miteinander umzugehen
Als wäre jeder ein Stück vom anderen
Und ohne den einen gar nicht möglich

Und nehme von uns die dunklen Gedanken
Des Herrschens und des Kriechens
Und das Rechthaben und alle Besserwisserei
Es ist nicht des Menschen Glück auf Dauer
Es ist sein Krieg und sein Verderben

Der Herr möge uns nach seinen Sätzen
Den Frieden lehren
Nach seinen Haupt- und Nebensätzen
Allumfassend ohne Rest
Für den Himmel und für die Erde
Und nicht nach unseren Grundsätzen
Mit denen wir uns oft genug zugrunde richten
Wenn wir Hintergründe suchen
Um dem Abgrund zu entgehen

Gott der Herr
Möge uns Jesus Christus
An unsere runden Tische setzen
Auf daß wir ihm auf unseren Gedankengängen
Begegnen

Und ohne Furcht die Weltgeschichte überleben
Jenes Flickwerk aus Eitelkeit und Ruhmsucht
Glücksspiel und Götzendienst
Tingeltangel und Totentanz

Gott der Herr
Mache uns wieder anfällig
Für seine Geschichte die nicht von dieser Welt ist
Nicht erklärbar keine Diskussion braucht
Und uns doch tröstet hoffen läßt Mut macht
Frohgemut macht
Und alles in allem Kraft gibt
Und uns Zuversicht schenkt.

Friedensgruß

Friede sei mit euch
Fürchtet euch nicht!
Warum bewegen mich diese Worte so tief
Weil sie so schwer zu glauben sind
Weil sie so schwer zu machen sind
Nein weil sie mich aufrecht halten
In äußerst geschichtlicher Zeit
Und mich an die Worte des Chrisostomos erinnern:
„Das Kreuz wie eine Krone tragen."

Möge Gott der Herr uns über alle Zeiten und
Gezeiten hinwegführen fröhlichen Herzens
Weil wir seinen Frieden in uns tragen
Der uns mit allen und allem versöhnt
Weil seine Liebe in uns wohnt
Die uns unendlich macht
Die uns aber auch zurückholt
Zu unseren Tagesresten
Zu unseren Widersprüchen
Zu unseren Konflikten
Uns zurückführt in unsere Wohnküchen
Zu unseren Schlafstätten
An unsere Schreibtische
An unsere Drehbänke und Reparaturwerkstätten
In unsere Studios und Ateliers
Kindergärten und Altersheime
Um wieder von Neuem zu beginnen
Behutsam zwar aber um im Laufe der Zeit
Immer sicherer zu werden.

MICHAEL
BLUM 98

Nimm unsere Hände

Wir
Die wir versammelt sind in Frieden und Freude
An diesem Tag mit unserem Herrn über alle Welten
Unserem Herrn der alles berührt und bewegt
Der uns Lachen und Weinen geschenkt hat
Hoffnung und Heimat
Wir wollen versuchen von dem heutigen Tag an
Mit seiner Hilfe wieder aufs Neue
Unsere Gewohnheitsgedanken abzulegen
Und unsere üblichen Redensarten aufzugeben
Und abzusagen alle gestrigen Begründungen
Und Erklärungen die da lauten:
„Ich seh das gar nicht ein
Warum denn immer ich
Da müßt ich ja schön blöd sein
Soll erstmal doch der andere
Ich denke gar nicht daran
Wer denkt denn schon an mich?!“
Undsoweiter

Nun die Jahreszeiten scheinen verbraucht
Die Monate haben oft nicht gehalten
Was sie versprachen jahrhundertelang
Die Seele setzt Grünspan an
An vielen Ecken und Kanten sitzen
Verzweiflung und Resignation
Auf den Plakaten immer wieder enorme Köpfe
Und ausgesuchte?
Wir flüchten in praktische Programme
Und sind stolz auf jede kleine Realitätsbewältigung
Unser Auge trägt Trauer
Unser Herz wartet auf Erlösung
Die Erdteile können sich nicht einigen
Auf der ganzen Welt gibt es Folterschulen
Zur Ausbildung von Folterknechten
Die Ideologen zeigen ihre Visitenkarte
Hinter den Ideologen stehen die Funktionäre

Hinter den Funktionären stehen die Menschenhändler
Hinter den Menschenhändlern stehen die Waffenhändler
Hinter den Waffenhändlern stehen die apokalyptischen Reiter
Ganz zu schweigen von den kleinen Krankheiten
Die jetzt schon in den kleinen Schläfen stecken
Von den täglichen Katastrophen in den besten Familien
Ganz zu schweigen
Ganz abgesehen davon daß die Hoffnung sich dünne macht
Und jeglicher Trost an Wahrheitsgehalt verliert
Wir wollen doch nicht so tun
Als hätten wir alles und jedes im Griff
Als wären wir rundum glücklich
Als wären wir wirklich zufrieden an Leib und Seele
Als hätten wir alles bewältigt
Aus dem Effeff
Wir wollen doch nicht so tun
Als wäre die Welt schon zu Ende gedacht
Unser Leben ein ausgelassenes fröhliches Lied
Wie oft sind wir ratlos und ohne Sprache
In unseren Köpfen kreisen Konflikte
Und jeder Stein wird zum Mühlstein
Und jeder Mühlstein zum Grabstein

Darum Herr
Nimm unsere Hände und führe uns
Auf den Weg der Versöhnung
Mit allen Menschen und allen Welten
Erlöse uns von unserer Blindheit
Und führe uns immer wieder an den Anfang aller Versöhnung
Nämlich schenke uns ein Segelschiff voller Liebe
Und laß uns über deine Meere fahren
Zu deinen Ufern und zu deinen Menschen
Überall in deinem All
Mit deinem Zeichen in unseren Augen
Das heißt LIEBE
Das sind Friede und Versöhnung
Das sind frohe Botschaft und Himmelsgruß
Das sollen unsere Gedanken heute sein
Nur Gottes Land hat Hand und Fuß.

MICHAEL
BLUM 98

Sei gut behütet

Im übrigen meine ich
Daß Gott uns alle schützen möge
Auf unserem langen Weg zur Versöhnung
Mit allen Menschen und mit allen Völkern
Er möge uns bewahren und pflegen
Mit seiner allumfassenden Güte
Er möge uns heilen und alle Krankheiten von uns nehmen
All unsere Wunden an Leib und Seele
Die wir uns ständig antun
Möge er mit seiner einzigartigen Kraft
In Zeichen der Reife und Weisheit verwandeln

Er möge von seiner Heiterkeit ein Quentchen
In uns hineinpflanzen
Auf daß sie bei uns wachse blühe und gedeihe
Und wir unseren Alltag leichter bestehen
Daß er uns bewahre vor jedem Hochmut und jeder Bitterkeit
Und daß er uns fähig mache
Weiterhin zu glauben an seine Welt
Die nicht von unserer Welt ist
Und daß wir nicht ersticken an allem Tand und eitlem
Tun darum bitten wir ihn vom ganzen Herzen

Er möge uns behüten vor aller Besserwisserei
Und uns beflügeln
Freiheit und Fantasie
zu nutzen
Um Feinde in Freunde zu verwandeln
Er lösche langsam in uns jedes Vorurteil
Langsam
Denn wir stecken bis über beide Ohren voll davon
Er schenke uns von seiner Vielfalt ein Stückchen Großmut
Und führe uns nicht in Haarspaltereien
Gedankenenge
Und Geistesnot

Er erhalte uns unseren Eigensinn
Ihn nicht aus den Augen zu verlieren
In unserer optischen Zeitspanne
Und wir bitten ihn weiterhin unser Freund zu sein
Der immer uns übrig bleibt
In aller Finsternis und Unvernunft
Wenn wir schier an allem und an uns verzweifeln

Er sei mit uns
Wenn wir unter den Verlierern sind
Und gebe uns die Kraft zur Demut
Die Kraft am Ende aufzustehen für einen neuen Anfang
Wer anders könnte uns zu neuem Lachen führen
Zu neuer Hoffnung und Freude
Immer wieder nach tausenden von Jahren
Als Gott der Herr vor dessen Plan
Unsere Ideen kleine flüchtige Eintagsskizzen bleiben
Vor dessen Zeit unser Leben
Ein winziger Atemhauch ist
Vor dessen Wahrheit unsere Wirklichkeit ein einziger Irrtum ist
Vor dessen Musik unsere Melodien und Akkorde
Bloßes Geklingel und Getue sind
Vor dessen Sprache unsere Worte jeweils nur Versuche
Von Anfängen sein können

Darum bitten wir ihn um seinen Trost
Um seine Hilfe
Um seinen Verstand und um seine Gnade
Und um seinen Willen
daß alle sich mit allen versöhnen
Daß der Haß die Welt verlasse
Und die Liebe in allen Menschen wohne
Um uns von Gottes Zukunft zu erzählen.

Seine grenzenlose Güte

Gott der Herr verläßt uns nicht
Wenn ich mein Herz mit ihm teile
So daß ich nichts bin und alles bin
So daß ich nichts habe und alles habe
Daß ich nichts werde und doch alles werde

Gott der Herr möge unser Glück und unser Leid
Unsere Trauer und unsere Freude
Mit seiner grenzenlosen Güte begleiten
Uns im Frieden anfertigen
Machen und halten
Immer noch mehr bestärken
Uns ein großes Gefühl dafür geben
Daß einer des anderen Last mittrage
Und nachsichtig möge er mit uns sein
Wenn alles nicht von heute auf morgen geschehen kann
Weil
Wir sind seine Kinder von ganzem Herzen
Aber oft noch von halbem Verstand

Herr gehe nicht von uns
Darum nicht
Und deshalb auch nicht
Wenn wir manchmal noch nicht alles verstehen
Darum sind wir hier
Um deine Zeichen zu sehen und zu hören
Und zu spüren
Wenn wir nach Hause gehen.

MICHAEL
BLUM 98

Das erste und das letzte Wort

Wenn alles ausgeredet ausgerechnet
Kalkuliert und spekuliert
Wenn alles tausendfach erklärt
Bewiesen
Aufgesagt und abgeschrieben
Widerrufen
Neu behauptet
Festgestellt und festgelegt und
Festgesetzt
Und dementiert und falsch betont
Hinausposaunt
Manipuliert und propagiert und wahrgesagt

Hundertprozentig prophezeit
Dokumentiert und illustriert
Korrigiert
Und vorgeworfen nachgeworfen
Zugerufen
Fest versprochen
Ehrenwort und Wortgefecht
Nachgeredet überredet
Eingetrichtert inhaliert und suggeriert
Und wenn dann wirklich alles
Ausgeredet hat
Und sprachlos ist
Dann möge Gott der Herr
Uns immer wieder sagen
Uns immer wieder zeigen
Daß nur sein Wort
Das erste und letzte Wort
Daß unser Tun und Hören
Seinem Wort ent-sprechen möge

Denn seine Sprache ist unser täglich Brot
Und unser nächtliches Vertrauen
Sein Wort ist Geist
Der uns alle friedlich macht
Und freundlich macht
Lebendig macht
Und auch unsterblich macht.

Lachen und Weinen

Lachen und Weinen
Halten den Menschen am Leben
Und halten ihn nicht nur am Leben
Sondern bewegen ihn auch
Nicht aufzugeben
Nicht bitter zu werden
Erfinderisch zu sein
Andere verstehen zu lernen
Einen Platz anzubieten
Vielleicht auch eine Suppe und Brot
Wärme zu verschenken
Es könne Christus selbst sein
Der um Aufnahme bittet
Und wer dies
Sich wirklich vorstellen kann
Hat alle Gewalt besiegt
Erlebt den Triumph des Glaubens
Und heilt den Frieden
Auf daß Gottes Erde
Heimat wird
Für alle Welt.

In der Nähe deines Himmels

Im übrigen meine ich
Daß Gott der Herr uns gerade in diesen Tagen
Des wetterwendischen Frühlings
Aber auch der sich uns nähernden Wärme
Uns wieder den Aufbruch der Natur
Und damit den Neuanfang auch für unser Gemüt
Und unseren Geist deutlich spüren läßt
Daß er uns immer wieder in die Nähe seines Himmels führe
Sein Wort durch unseren Kopf gehen läßt
Seinen Blick in unser Herz senkt
Er möge uns
Sichtbar und unsichtbar zeigen
Daß wir nicht verloren sind
Auch wenn die Welt verloren ging
Und daß er sich unser erbarmt
So wie wir uns erbarmen wollen
Die Hilflosen und Beladenen
Die Obdach- und Besitzlosen
Sollen unser besonderes Augenmerk haben
Die Kunst des Zusammenfühlens und Zusammendenkens
Möchten wir wieder lernen
Mit ihm dem Sohne und dem Heiligen Geiste
Lehre uns auf deine Weise die Dinge zu Ende zu denken
So daß wir neu anfangen können
Mit dir und mit allen Geschöpfen die du gemacht
Mit der Schlange und dem Pferd
Den Menschen aller Arten und Abarten
Den Weißen den Farbigen allen die unter deinem Himmel
Der heute in Leib und Seele bei uns ist
Leben sterben und sich wiedersehen
Dafür danken wir dir und preisen dich auf unseren Wegen
Von dir und zu dir am Morgen wie am Abend ohne Ende.

MICHAEL
BLUM 97

Segen für Allewelt

Im übrigen meine ich
Daß Gott unser Herr
Uns einen großen Sommer schenke
Den Familien einen Korb voll Ruhe
Und viele hoffnungsvolle Blicke auf Grün und Blau
Wiesen und Wasser und weiße Strände –
Leise Monate
Daß er das Geschrei aus der Welt nimmt
Und Stille verordnet
Dazu gehört daß er den Kriegern das Handwerk
Aus den Händen nimmt
Und denen die ohne Arbeit sind die Hoffnungslosigkeit
Und die Mächtigen nicht zu Mafiosi werden läßt
Alle können wir daran mittun und daran arbeiten
Daß das Leben langsamer verläuft
Daß die Welt alle Aufregung verliert
Und die Menschen sich länger ansehen können
Um sich zu sagen: Wir lieben euch!
Gott unser Herr möge diese Stille segnen
Möge diese Stille denen überall in die Ohren blasen
Die unsere Zeit noch schneller machen möchten
Und damit noch kürzer noch atemloser

Gott unser Herr wir bitten dich: Mach es!
Auf daß unser Herz wieder Luft schnappen kann
Unser Auge aufhört zu zappeln
Und unser Ohr wieder richtig hört
Und nicht alles vergißt
Denen die uns dies alles austreiben möchten
Möge Gott der Herr einen Blitz ins Gesäß jagen
Damit sie ihr unmenschliches Tun einsehen
Und die Menschen seines Wohlgefallens in Ruhe lassen
Im wahrhaftigsten Sinn dieses Wortes in Ruhe lassen
Und wir wollen unseren Herrgott abermals bitten
Dieses Ansinnen von uns überall zu segnen
Und weil es sein muß sofort und immerdar!
Danke und Amen.

MICHAEL
BLUM 97

Führen und leiten

Im übrigen meine ich
Möge uns der Herr weiterhin
Zu den Brunnen des Erbarmens führen
Zu den Gärten der Geduld
Und uns mit Großzügigkeitsgirlanden
Schmücken
Er möge uns weiterhin lehren
Das Kreuz als Krone zu tragen
Und darin nicht unsicher zu werden
Soll doch seine Liebe unsere Liebe sein
Er möge wie es auskommt in unser Herz eindringen
Um uns mit seinen Gedankengängen
Zu erfrischen
Uns auf Wege zu führen
Die wir bisher nicht betreten haben
Aus Angst und Unwissenheit darüber
Daß der Herr uns nämlich aufrechten Ganges
Fröhlich sehen will
Weil wir es dürfen
Und nicht nur dürfen sondern auch müssen
Wir müssen endlich damit beginnen
Das Zaghafte und Unterwürfige abzuschütteln
Denn wir sind Kinder Gottes: Gottes Kinder!
Und jeder soll es sehen und ganz erstaunt sein
Das Gottes Kinder so leicht und fröhlich sein können
Und sagen: Donnerwetter
Jeder soll es sehen und jeder soll nach Hause laufen
Und sagen: er habe Gottes Kinder gesehen
Und die seien ungebrochen freundlich
Und heiter gewesen
Weil die Zukunft Jesus heiße
Und weil die Liebe alles überwindet
Und Himmel und Erde eins wären
Und Leben und Tod sich vermählen
Und der Mensch ein neuer Mensch werde
Durch Jesus Christus.

MICHAEL
BLUM 97

Psalm

Solange in meinem Herzen
Und in meinem Kopf der Gesang
Von Liebe und Zuversicht wohnt
Das Land der unbegrenzten Unmöglichkeiten
Zu spüren ist
Freundschaft und Friede mit allen Kreaturen
In meinen Augen sitzen
Solange wird es auch diese Erde geben
Mit all ihren Menschen
Die guten Willens sind
Die über sich hinaus-wachsen
Und es eines Tages doch noch schaffen
Den Halsabschneidern und Blutsaugern
Kindermördern und Frauenschändern
Und ihren feinen Handlangern im Hintergrund
Das Handwerk zu legen
Auf daß die Erde Heimat wird für alle Welt
Solange unsere Herzen dafür schlagen
Daß sich die Utopie erfülle
Im Kleinen wie im Ganzen
Solange wir leben und wachsen
Solange gibt es sie auch.

MICHAEL
BLUM 97

Mein Psalm zum Segen

Herr
Auch heute habe ich Neues gefunden
Um dich zu loben
Wenn auch das Neue immer von dir kommt
Und nicht von uns
Wie alles von dir erfunden ist
Was uns gut tut
Und überall sind deine Augen
Um uns zu prüfen
Ob wir Rechtes tun und ohne Arg sind
Ob wir uns dem Himmel nähern und deine Kinder werden
Ich weiß schon daß du uns durchschaust
Und uns von allen Seiten umschließt
Und deine Hand auf uns legst
Du warst dabei als unsere Glieder noch geformt wurden
Und wir im Dunkeln lebten
Du bist dabei wenn uns heute Leid überkommt
Und Trauer wenn wir verraten werden
Du wirst bei uns sein wenn wir die Tage zählen
Und hast uns doch im Leben so viel Schönheit gezeigt
So viel Ermutigendes
Hast uns Träume gemacht
Wünsche erfüllt und Glück geschenkt
Durch deine Nähe
Wir aber sind nichts ohne dich
Kein Herz kein Himmel keine Erde sind ohne dich denkbar
Wir glauben an dich loben und lieben dich
Wir kommen von dir und gehen zu dir
Der Himmel ist in uns durch deine Gnade
Halleluja!

Nach Psalm 139

Jahressegen

Wir danken Gott dem Allmächtigen
Daß er uns auch in diesem Jahr
Nicht vergessen noch verlassen hat
Daß er nicht von unserer Seite gewichen ist
Um Freude und Trauer
Mit uns zu leben und zu teilen –
Und er gab uns aus Liebe aufs neue seinen Sohn
Um uns zu befreien und uns zu erlösen
Zu befreien von allen irdischen Zwängen
Allen historischen Sprüchen und Widersprüchen
Allen gesellschaftlichen Maß-Stäben
Wenn sie zu Gitterstäben werden –
Zu erlösen von aller Hinfälligkeit allem Elend
Aller Erschöpfung
Von unserem vergänglichen Leib inmitten von
Aller Endlichkeit

Gott löst das Geheimnis der Liebe durch Jesus Christus
Und wir sehen von neuem ganz hell und klar
Das Licht das über allen Eismeeren aufgegangen ist
Daß alle Wüsten und Urwälder ruhig bleiben
Und daß alle Welt sich im Geiste aufmacht nach Bethlehem
Das Licht der plötzlichen Erkenntnis
Der Nächsten- und der Feindesliebe
Über alle törichten selbstzerstörerischen Argumente hinweg
Das Licht des Friedens möge wie eine
Fackel plötzlich in uns brennen
Das Licht des endlosen Friedens suchen
Die Liebe
Das Licht des Leidens
Das Licht der plötzlichen Erkenntnis so nenne ich es
Daß kein Mensch ohne die anderen Menschen existieren kann
Daß wir nur überleben wenn wir miteinander
Und füreinander leben
Daß wir abgeben was uns nicht gehört
Daß wir das aufgeben was die Reichen reicher
Und die Armen ärmer macht

Daß unsere Vorsitzenden Präsidenten und Kanzler
Das bekannt machen und verbreiten
Und unsere Kirchen dies
Öfter bekräftigen und daß ganz klar wird
Daß wir Jesus Christus folgen
Gegen die Geschichte für das Erbarmen gegen alle Not
Für die Liebe
Die Liebe die sich nicht verbittern läßt und
Nichts Böses addiert
Die hoffet und duldet und liebet

Möge Gott unser Herr uns als Mitstreiter aufnehmen
Die daran arbeiten wollen daß Jesus Christus nicht umsonst
Geboren wurde gestern heute und morgen
Und daß Jesus die Freude ist
Und die Fröhlichkeit und der Friede in Ewigkeit!

MICHAEL
BLUM 97

Abschiedssegen
für eine Freundin – einen Freund

Liebe Freundin und Schwester
Lieber Freund und Bruder
Gott unser Herr über Anfang und Ende
Gestern heute und morgen
Möge dir auf deiner großen Reise in die
Zukunft stets nahe sein
So sehr wir dich vermissen werden
Genau so wissen wir aber auch
Daß in den neuen Gegenden Gottes
In denen du nun leben und arbeiten wirst
Deine Güte dein Humor und deine
Sprache willkommen sein wird
Möge der Herr Krankheit und Gewalt von
Dir fern halten
Deine Gabe Feinde in Freunde zu
Verwandeln weiterhin segnen
Und dich in deiner Sanftmut bestärken
Möge er uns noch oft an deine
Freundlichkeit
Und deine Geduld erinnern
Und uns allen ein fröhliches Wiedersehen
Bescheren.

MICHAEL
BLUM98

Mein Bekenntnis

Ich setze auf die Liebe
Das ist das Thema
Den Haß aus der Welt zu entfernen
Bis wir bereit sind zu lernen
Daß Macht Gewalt Rache und Sieg
Nichts anderes bedeuten als ewiger Krieg
Auf Erden und dann auf den Sternen

Ich setze auf die Liebe
Wenn Sturm mich in die Knie zwingt
Und Angst in meinen Schläfen buchstabiert
Ein dunkler Abend mir die Sinne trübt
Ein Freund im anderen Lager singt
Ein junger Mensch den Kopf verliert
Ein alter Mensch den Abschied übt

Ich setze auf die Liebe
Das ist das Thema
Den Haß aus der Welt zu vertreiben
Ihn immer neu zu beschreiben
Die einen sagen es läge am Geld
Die andern sagen es wäre die Welt
Sie läg in den falschen Händen

Jeder weiß besser woran es liegt
Doch es hat noch niemand den Haß besiegt
Ohne ihn selbst zu beenden
Er kann mir sagen was er will
Er kann mir singen wie er's meint
Und mir erklären was er muß
Und mir begründen wie er's braucht
Ich setze auf die Liebe! Schluß!

Gott schütze Euch
Gott schütze und befreie uns.

MICHAEL
BLUM 97

Michael Blum wurde 1942 in Prüm/Eifel geboren und entschied sich 1963 für das Studium der Pädagogik und Kunsterziehung in Bonn. Aufgrund seines Interesses und seiner Begabung studierte er 1967 zusätzlich im Fachbereich Kunst/Design. Heute leitet er die Domsingschule in Köln.
In seiner künstlerischen Arbeit konzentriert er sich vornehmlich auf christliche Themenbereiche. Die sieben Stationen des Jugendkreuzweges 1996 „Mit offenen Augen" haben ihn, neben zahlreichen Ausstellungen u. a. in Charleville-Mezieres/Frankreich, Strassburg/Österreich, Coventry/England, St. Vith/Belgien und vielen deutschen Städten, bekannt gemacht. Seine Märchen-, Blumen- und Landschaftsbilder, veröffentlicht in mehreren Verlagen, zeugen von der Vielfalt seines künstlerischen Schaffens. Sein Augenmerk gilt immer deutlicher dem „Blick hinter die Oberfläche"; den Zeichen Gottes in unserer Welt. Dabei verbindet er verschiedene bildnerische Techniken zu neuen Aussagen und Darstellungen. Aus dieser Entwicklung, belegt aber auch mit persönlicher Erfahrung, entstanden „seine Engel" im „Kleinen Engelbuch", die sich wohltuend von vielen anderen Publikationen unterscheiden. So entstanden auch seine „Heiligen Zeichen", Andeutungen, wie Gottes Geist den Himmel mit der Erde verbindet und in seinen Zeichen unter uns lebendig ist. Die „Heiligen Zeichen" durchweben das „Kleine Buch zum Segen"; damit SEIN Segen in unserer Welt nicht verloren geht.

Hanns Dieter Hüsch wurde 1925 in Moers am Niederrhein geboren. Nach dem Studium der Theaterwissenschaften und der Literaturgeschichte in Mainz landete er 1947 beim Studentenkabarett „Die Tolleranten". 1948 stellte er sein erstes Soloprogramm auf die Beine. 1956 wird er Mitbegründer des Kabaretts „Arche Noah". Seit über 40 Jahren gibt er Gastspiele im In- und Ausland. Hörfunk und Fernsehsendungen erreichen ein großes Publikum, obwohl er doch „nur ein Kleinkünstler" ist, wie er sagt. Er erhielt zweimal den Deutschen Kleinkunstpreis, ist Ehrenbürger der Universität Mainz, Träger der Mainzer Gutenberg-Plakette. 1994 wurde ihm der Staatspreis des Landes Nordrhein-Westfalen verliehen. 1997 feierte er mit vielen Freundinnen und Freunden sein 50. Bühnenjubiläum und geht mit seinen liebenswerten Geschichten immer noch auf Tournee.
Er wohnt seit 1986 in Köln und ist Ehrenbürger seiner Heimatstadt Moers. Seit 1985 ist er regelmäßig Gast und Mitarbeiter auf Deutschen Evangelischen Kirchentagen mit ausgesuchten Kabarett-Programmen und seit Jahren gefeierter „Prophet" bei Liturgischen Festen. Die Johanneskirche in Köln-Klettenberg wurde seine geistliche Heimat. Dort entstanden die meisten seiner „Segenswünsche", die „im übrigen" uns Menschen behüten und trösten, Alletage und Jederzeit.

Bildlegende:
Titel: Segen; Rückseite: Erfüllung; S. 2: Gegenwart; S. 5: Entscheidung; S. 9: Hingabe; S. 13: Versöhnung; S. 17: Sehnsucht; S. 21: Entfaltung; S. 24/25: Segensmahl; S. 29: Rettung; S. 33: Vollendung; S. 35: Zusage; S. 37: Botschaft; S. 39: Weitergabe; S. 43: Verheißung; S. 45: Erkennen; S. 47: Bewahren.